LA PROVENÇALE, NOUVELLE ENTRÉE AJOUTÉE AUX FESTES DE THALIE,

Le Jeudy dix-ſeptiéme Septembre 1722.

Et Remiſe au Theâtre, le 1. Decembre 1735.

A

ACTEURS
CHANTANTS.

FLORINE, *jeune Provençale, qui a toûjours été renfermée,* Mlle. Bourbonnois-L.

NERINE, *Surveillante de Florine,* Mlle. Eeremans.

CRISANTE, *vieux Tuteur de Florine,* Mr. Cuvillier.

LEANDRE, *jeune Provençal Amoureux de Florine,*
UN MATELOT, } Mr. Jelyote.

Troupes de Provençaux & de Provençales.

La Scene est dans une Bastide en Provence.

ACTEURS
DANSANTS.

PROVENÇAUX ET PROVENÇALES;

Mademoiselle Sallé;

Monsieur Malter. Mademoiselle Mariette.

Messieurs Bontemps, Matignon, Dumay, Dupré, Savar, Dangeville.

Mesdemoiselles Petit, Thybert, Fremicourt, Courcelle, Centuray, Binet.

La Musique de ce Divertissement, est imprimée separément : On la vend brochée, 3. liv.

De même que celle de LA CRITIQUE,

Ces Entrées jointes aux FESTES DE THALIE, qu'on vend à l'ordinaire, 15. l.

Forment une Partition in-quarto reliée, de 24. l.

LA PROVENÇALE.

Le Theâtre représente un Jardin garny d'Orangers, qui n'a d'autre issuë que par la Mer qui en borne le point de vûë; le côté de la Terre est entouré de hautes murailles.

SCENE PREMIERE.

NERINE, CRISANTE.

NERINE.

Où courez-vous avant le jour?
Quel Démon sitôt vous réveille?

CRISANTE.

Penses-tu qu'un Jaloux, sommeille
Quand il est bercé par l'amour?

Florine en ce moment redouble mes allarmes ;
Je m'exerce la nuit à garder ses appas.

NERINE.

L'exercice est penible, il ne vous convient pas :
Laissez-moi veiller sur ses charmes.

CRISANTE.

C'en est fait... Pour Crisante il n'est plus de repos :
Mon cœur est saisi d'épouvante,
Depuis que chaque jour une Barque galante
Me montre un Rival sur les flots ;
Elle approche trop de la rive ;
On entend des concerts cheris dans ces climats ;
Florine y paroit attentive,
Et cent fois sur ces bords elle porte ses pas.

NERINE.

Dès que le Plaisir se présente
La Jeunesse vole après lui,

Plus elle a ressenti d'ennui
Plus sa joye est vive & piquante ;

Dès que le Plaisir se presente
La Jeunesse vole après lui.

CRISANTE.

Du côté de la Terre, un mur à triple étage
Sert de digue aux soupirs de mille Amants divers ;
Je médite un projet, qui déja me soulage...
Je veux faire fermer le passage des Mers.

NERINE.

Il faut pour achever l'ouvrage,
Faire fermer aussi le passage des Airs.

CRISANTE.

Je crains pour mon amour quelque triste avanture;
Florine, par nos soins élevée en ces lieux,
Plus belle que l'Astre des cieux,
Croit qu'à ses traits naissants le sort a fait injure:
J'ai sçû par une adroite & nouvelle imposture,
Lui faisant d'elle-même un portrait odieux,
Donner le change à la nature:

Ne perdons pas le fruit d'un art industrieux.

NERINE.

Nôtre Sexe n'est pas crédule
Quand on l'accuse de laideur;
Et l'objet le plus ridicule
Se croit aimable au fond du cœur.

CRISANTE.

Florine est simple, elle est naïve,
Garde-toi bien de la désabuser:
Retranchons-lui dabord l'aspect de cette rive
Nous songerons après à l'épouser.

Elle vient... elle rêve... & sa vûë attentive
Sur ces flots que je crains, semble se reposer.

On voit paroître FLORINE qui se mire sur le Rivage.

SCENE II.

FLORINE, CRISANTE, NERINE.

CRISANTE, à FLORINE.

A Venir en ces lieux, quel dessein vous engage ?

FLORINE, se mirant dans la Mer.

L'onde est calme sur ce rivage,
Elle offre à mes regards un fidel miroir;
Malgré tous mes défauts je me plais à m'y voir,
C'est mon plus doux plaisir, laissez m'en faire usage.

NERINE.

Je vous l'ai déja dit, l'image de vos traits
Doit vous faire une horreur extrême.

FLORINE.

Cet avis vous convient, profitez-en vous même;
Il semble pour vous fait exprès.

CRISANTE, à FLORINE.

Nerine est aimable, elle est belle
Je voudrois qu'en beauté vous pussiez l'égaler
Quelle grace !

FLORINE.

Tant mieux pour elle;

J'aime

J'aime mieux ma laideur, que de lui ressembler.

à CRISANTE.

Mais enfin dans mes traits, qu'ai-je donc qui vous blesse?

CRISANTE, à FLORINE.

Ils sont trop délicats, ils ont trop de finesse;
Et vos yeux pleins d'un certain feu
Sont trop ouverts... Et la bouche trop peu.
Vous avez contre vous encor votre jeunesse;
Ce vice ne peut s'excuser;
Connoissez cependant jusqu'où va ma foiblesse;
Malgré tant de défauts, je vais vous épouser...
Vous frémissez... Vous changez de visage!

FLORINE, à part.

O Ciel! de ce malheur daigne me préserver!

CRISANTE.

Je sors pour ordonner un mur sur ce rivage:

à NERINE.

Nérine en m'attendant, prens soin de l'observer.

Il sort.

SCENE III.

FLORINE, NERINE, qui se tient éloignée pour l'observer.

FLORINE, regardant la Mer.

Mer paisible, où cent fois j'ai cherché mon image,
Offrez-moy sur les flots celle de mon Vainqueur.

Que n'ay-je pour lui seul mille attraits en partage.
Ah ! si j'ose en croire mon cœur,
Ce n'est point le hazard, c'est un soin plus flateur
Qui l'attire sur ce rivage :

Mer paisible, où cent fois j'ai cherché mon image
Offrez-moy sur les flots celle de mon Vainqueur.

NERINE paroît.

Ciel ! Nerine aura pu m'entendre.

NERINE.

Crisante sçaura tout, j'ai dequoi le surprendre.

Entrée des Matelots.

NERINE.

Mais, ô Ciel! de quels sons retentissent ces bords?...
Tout est perdu... C'est la Barque fatale...
J'y voi le jeune Objet qui cause vos transports.
Rentrez:

FLORINE.

Non, je demeure.

NERINE.

O douleur sans égale!
Allons, hâtons-nous de partir,
Cherchons par tout Crisante, il le faut avertir.

SCENE IV.

LEANDRE, FLORINE, NERINE.

Troupe de Provençaux en Matelots.

LEANDRE, empêchant NERINE de sortir.

ARête Argus impitoyable,
Il y va de tes jours si tu sors de ces lieux.

à FLORINE.

Et vous, rassurez-vous Objet incomparable;
Pour seconder mes vœux, un Ami secourable
Amuse en ce moment un Jaloux odieux;
Et pour me montrer à vos yeux,
J'ai saisi l'instant favorable.

Le tendre Amour dont je ressens les coups,
Soumet à vos attraits l'Amant le plus fidelle ;
Des plus rares Beautez vous êtes le modele,
Et les Dieux n'ont rien fait de si parfait que vous.

FLORINE, à NERINE.

Vous l'entendez Nerine, on dit que je suis belle,

NERINE, à FLORINE.

Ne voyez-vous pas bien qu'on se mocque de nous.

FLORINE, à LEANDRE.

Vous dites que je suis aimable,
Mais je doute de vos discours ;
On me reproche tous les jours
Que mes traits n'ont rien d'agréable.

LEANDRE.

Et qui peut vous tenir ce langage odieux ?
Tout céde au pouvoir de vos yeux,
Vous avez plus d'éclat que la naissante Aurore :
Vous êtes l'image des Dieux ;
C'est peu de vous aimer, il faut qu'on vous adore.

FLORINE.

Quel langage flateur ! Recommencez encore....

LEANDRE.

C'est peu de vous aimer, il faut qu'on vous adore.

NERINE, à part.

Faut-il perdre en un jour le fruit de tant de soins,
Et que mes yeux en soient témoins?

LEANDRE, à FLORINE.

Une retraite si sauvage
Doit-elle être faite pour vous?
Souffrez qu'un tendre Amant par les jeux les plus doux,
Adoucisse votre esclavage:
Et tandis que votre Jaloux
Est par mes soins occupé loin de nous,
Que nos concerts soient mon premier hommage.

DANSE DES MATELOTS.

UN MATELOT.

Jeune Beauté, c'est dans vos yeux
Que les Amours prennent leurs armes;
Qu'au bruit de nos concerts ils volent en ces lieux;
Qu'ils y fassent briller vos charmes.

CHOEUR.

Jeune Beauté, c'est dans vos yeux
Que les Amours prennent leurs armes;
Qu'au bruit de nos Concerts ils volent en ces lieux,
Qu'ils y fassent briller vos charmes.

On danse.

UNE MATELOTTE.

Triomphe en ces lieux tendre Amour ;
Que la beauté serve à ta gloire ;
Mais qu'elle ait part à la victoire,
Fais-la triompher à son tour.

C'est pour des objets pleins de charmes
Que tu dois reserver tes traits ;
Blesser quelque objet sans attraits,
Ce seroit profaner tes armes.

On danse.

UN MATELOT.

E ben folle chi non ama,
O non brama
Di Cupido esser seguace

Egli solo porta al seno,
Non veleno,
Ma contenti gioia, e pace

Da capo. *Tambourin.*

UN PROVENÇAL, ET LE CHOEUR.

Vonte que la Beauta s'esconde,
L'Amour saou ben leou la trouva :
Son la gau son l'ame dou monde
Per s'uni toutei dous son fa.

SENS DES PAROLES.

Quelque part que la Beauté se cache,
L'Amour sçait bientôt la trouver ;
Ils sont la joye & l'ame du monde,
Ils sont faits pour s'unir tous deux.

LE PROVENÇAL.

Quant uno filletto ei poulidou
Tarde guaire de s'escouta ;
Car toujour lou plaisi ly cridou
Qu'ei d'in l'age de l'ou gousta.

On danse.

Quand une jeune fille est jolie
Elle ne tarde guere à s'escouter ;
Car sans cesse le plaisir lui crie
Qu'elle est dans l'âge de le gouter.

LEANDRE, à FLORINE.

Venez belle Florine,
Partons embarquons-nous ;
Venez charmer l'Epoux
Que l'amour vous destine ;
Suivez-moi ...

FLORINE.

Ciel ! que dites-vous ...

LEANDRE.

Craignez le retour d'un Jaloux :
Mais, je le vois ...

FLORINE, apperçevant CRISANTE.

O Dieu ! ... Je cesserai de vivre
Si son projet fatal seconde son couroux.

LEANDRE.

Souffrez que je vous en délivre ...
L'Himen va nous unir par les nœuds les plus doux.

FLORINE.

Vous voulez m'épouser ... Je consens à vous suivre.

SCENE DERNIERE.

CRISANTE; *Et les Acteurs de la Scene précedente.*

FLORINE monte avec LEANDRE sur le Tillac de la Barque, & laisse NERINE avec CRISANTE. Ils veulent l'un & l'autre courir après FLORINE, mais on forme une danse en rond, qui les enferme.

CRISANTE, voyant qu'on lui enleve FLORINE.

O Rage! ô desespoir... Perfides Matelots...
Ah! rendez à mes cris une Beauté si chere...
Ingrate! tu me fuis... Hélas, que dois je faire?...
Si je te perds, je vais m'abimer dans les Flots.

FLORINE, dessus le Tillac, à CRISANTE.

D'où vient cette fureur nouvelle,
Vous perdez peu, vous le savez.
Je suis laide; Nerine est belle
Epousez-là, si vous pouvez.

FIN DE LA PROVENÇALE.

APROBATION.

J'AY lû par Ordre de Monseigneur le Garde de Sceaux, un nouvel Acte intitulé, *la Provençale*, qui doit être représenté à la suite *des Fêtes de Thalie, Ballet*; & je n'y ai rien trouvé qui puisse en empêcher l'Impression. Fait à Paris ce 13. Septembre 1722.

Signé DANCHET.

www.ingramcontent.com/pod-product-compliance
Lightning Source LLC
LaVergne TN
LVHW010337230826
846091LV00009B/3917

* 9 7 8 2 0 1 9 9 4 8 6 2 7 *